I voted by Mark Shulman, illustrated by Serge Bloch
Text copyright © 2020 by Mark Shulman
Illustration copyright © 2020 by Serge Bloch
All rights reserved.
No part of this publication may be reproduced, stored in retrieval system, or transmitted in any form
or by any means, electronic, mechanical photocopying, sound recording, or otherwise,
without the prior written permission of Totobook Publishing Co.
Korean Translation Copyright © 2020 by Totobook Publishing Co.
This Korean edition was published by Totobook Publishing Co. in 2020 by arrangement
with Holiday House Publishing, INC. through KCC(Korea Copyright Center Inc.), Seoul.

바바라와 빌,
그리고 투표를 위해 열심히 일하는 사람들에게
이 책을 바칩니다.
- 마크 슐먼

어렸을 때 나를 투표소에 데려가 주신 아버지를 추억하고,
셰이나와 브랜디네에게 감사하며.
- 세르주 블로크

나도 투표했어!

마크 슐먼 글 | 세르주 블로크 그림 | 정회성 옮김 | 박성혁(서울대학교 사회교육과 교수) 감수·추천

어느 게 더 좋아?

사과? 아니면 오렌지?

사인펜? 아니면 크레용?

트램펄린? 아니면 수영장?

아이스크림과 양파 중에 무얼 고를 거야?
이런 건 고르기 쉽지?

그럼 아이스크림과 컵케이크 중에서 고르는 건 어때?
어느 걸 골라야 할지 잘 모르겠다고?

원하는 것을 골라서 뽑는 걸
선택한다고 해.

혼자서 무언가를 선택해야 할 때가 있어.

이런 때는 원하는 걸 선택하면 돼.

여럿이서 무언가를 선택해야 할 때도 있어.

우리 반 이름으로 토끼반과 거북이반 중 하나를 정해야 한다면?

친구들은 저마다 자기가 좋아하는 동물을 고를 거야.

가장 많이 골라서 뽑은 동물이

우리 반 이름이 되겠지?

원하지 않은 동물이 뽑혔어도 어쩔 수 없어.

네가 원하는 동물이 뽑히길 바란다고? 이렇게 해 봐!

친구들에게 네가 뽑고 싶은 동물을 말하는 거야.

같은 동물을 좋아하는 친구들과 힘을 모아 좋은 점을 알리는 거지.

다른 동물을 좋아하는 친구들과 생각을 나누어 봐.

이렇게 애쓰면 친구들의 마음을 바꿀 수 있어.

친구들의 말을 듣고 네 마음이 바뀔 수도 있고.

생각을 정했으면 원하는 동물을 종이에 적어.

네가 어느 동물을 선택했는지 친구들이 알게 뽑을 수도 있어.

네가 선택한 걸 친구들이 모르게 뽑을 수도 있어.

이제 친구들이 무얼 골랐는지 하나하나 세어.

가장 많이 뽑힌 동물이 우리 반 이름이 되겠지?

짠, 원하는 동물이 될 수도 있어!

원하는 동물이 안 될 수도 있지.

하지만 선택하지 않으면 어떤 것도 정할 수 없어.

달라지길 원한다면 선택을 해야 해.
선택에는 결과를 바꿀 수 있는 힘이 있거든.

선택한 것에 표를 주는 일을 **투표**라고 불러.
정정당당하게 투표하면 모두에게 공평해.

어른들의 투표도 마찬가지야.

어른들은 투표를 해서 우리 마을과 우리 도시,

우리나라를 대신 이끌어 갈 대표를 뽑아.

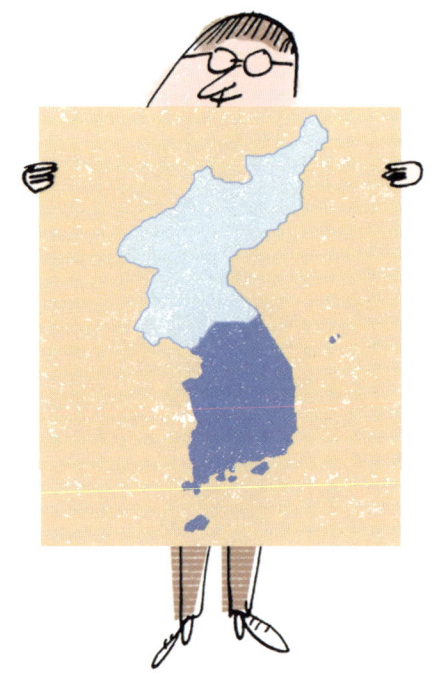

구청장, 군수, 시장, 도지사, 국회 의원,

대통령은 모두 투표로 뽑지.

대표들은 세상을 살기 좋게 바꿀 수도 있고, 아닐 수도 있어.

그러니까 꼼꼼히 따지고 살펴서 투표해야만 해.
세상에는 여러 대표가 있으니까.

우리가 정말정말 좋아하는 일을 하는 대표가 있는가 하면,

우리가 정말정말 싫어하는 일을 하는 대표도 있어.

원하는 대표를 뽑고 싶다면

꼭 투표를 해야 해.

선거에 나온 후보는 사람들에게 표를 달라고 부탁해.

어떤 후보가 가장 알맞은지 어떻게 알 수 있냐고?

후보가 하는 말을 잘 들어 봐.

후보가 어떤 일을 하려는지 잘 알아봐.

가까운 사람과 후보에 대한 생각을 나눠 봐.

후보에게 궁금한 걸 직접 물어볼 수도 있어.

선거 날이 되면 정해진 투표소를 찾아가.

열여덟 번째 생일이 지나면 누구나 투표할 수 있어.

기다렸다가 차례가 되면

투표자 명단에서 이름을 찾고 투표지를 받아.

한 명씩 들어가서 원하는 후보에게 투표하면 돼.

가장 많은 표를 받은 후보가 대표로 당선!

모두의 한 표가 미래를 바꿀 수 있어.

나는 어려서 못한다고?

여러 후보의 말을 듣고, 알아보고, 물어봐.

그리고 투표권이 있는 어른한테 네 생각을 말해 봐.

선거 날, 투표소에 함께 가는 거야.

어른이 투표를 잘했는지 확인도 하면 끝!

나도 투표했어!

투표가 뭐예요?

자기 생각을 투표지에 표시해서
정해진 곳에 내는 걸 '투표'라고 해요.
여럿이서 무언가를 정해야 할 때
투표를 해요. 대통령을 뽑을 때,
우리 반 대표를 뽑을 때처럼
여럿 가운데 가장 마음에 드는
사람한테 투표를 하지요.
어떤 일을 찬성하는지, 반대하는지
표시하는 투표도 있어요.

투표가 좋은 거예요?

여럿이서 무언가를 정하는 건 복잡하고
어려워요. 사람마다 원하는 것이 다르고,
다들 자기가 원하는 대로 되길 바라기
때문이에요.
힘이 세거나 나이가 많은 사람이 무엇이든
자기 마음대로 정하면 어떨까요? 내 생각을
묻지도 않으면 정말 속상할 거예요.
투표를 하면 사람들이 무엇을 원하는지
의견을 모을 수 있어요. 그리고 가장 많은
사람이 원하는 것으로 정할 수 있지요.

선거는 또 뭐예요?

투표를 해서 어떤 일을 할 사람을 뽑는 거예요.
나랏일을 책임질 대통령을 뽑는 대통령 선거,
법을 만드는 국회 의원을 뽑는 국회 의원 선거
같은 것이 있어요.

나랏일을 할 때마다, 필요한 법을 만들 때마다
모든 사람이 나서서 일할 수는 없어요. 그래서
우리를 대표해서 일할 수 있는 사람을 뽑아요.
대표는 자신을 뽑아 준 사람들을 위해
정직하고 똑똑하게 일해야 해요.

사람들은 투표를 통해 대표를 물러나게
할 수도 있어요.

투표하기 귀찮으면 안 해도 돼요?

어디에 투표할지 고민하고 알아보는
일이 귀찮을 수도 있어요. 그런데
어떤 일은 귀찮아도 꼭 해야만 해요.
투표도 그런 일 가운데 하나예요.
옛날에는 왕이 마음대로 나랏일을
정했어요. 왕이 잘못을 해도 왕을
바꿀 수 없었어요. 나라의 주인이
왕이었으니까요.
지금은 달라요. 우리가 투표해서
대표를 뽑아요. 투표로 나라의 중요한
일도 정해요. 우리가 나라의 주인이기
때문이에요.

나는 언제 선거 할 수 있어요?

대한민국 사람이라면 누구든지 열여덟 번째 생일이 지난 뒤부터 투표할 수 있어요.

만약 대통령 선거 후보가 되고 싶다면 마흔 번째 생일이 지난 다음에 후보 등록을 할 수 있어요. 국회 의원 선거 후보는 스물다섯 번째 생일이 지난 뒤에 등록할 수 있죠.

어려서는 사회가 어떻게 이루어져 있고, 모두를 위해서는 어떤 일을 해야 하는지 배워야 해요. 그래야 좋은 대표를 뽑을 수 있고, 좋은 대표가 될 수도 있어요.

왜 모두 한 표씩만 투표해요?

사람은 모두 평등하기 때문이에요. 예전에는 피부색이 다르다고, 여성이라고 해서 투표권이 없던 때도 있었어요. 하지만 그런 낡은 생각에 반대하는 사람들이 많아지고, 사람은 모두 동등한 권리를 가졌다는 생각이 널리 퍼졌어요. 그래서 지금은 법으로 정한 나이 말고는 어떤 자격도 따지지 않아요.

부유하든, 가난하든, 남자든, 여자든, 공부를 많이 했든, 적게 했든, 종교가 무엇이든 상관없이 누구나 투표할 때는 똑같이 한 표를 가져요.

엄마 아빠 대신 내가 투표해도 돼요?

누구 대신 투표할 수는 없어요.
투표소에 직접 자신의 신분증을 가지고
가서 투표자 명단에 있는 사람인지 확인을
해야 투표지를 받을 수 있어요.
만약 선거 날 투표하기 어렵다면 미리
투표할 수 있어요. 그것을 '사전 투표'라고
하지요.
힘 센 사람이나 돈이 많은 사람이 다른
사람의 표를 빼앗아서 대신 자기 마음대로
투표할 수도 있잖아요. 그래서 자기 투표는
자기가 직접 하는 것이 원칙이에요.

왜 한 명씩 들어가서 투표해요?

그건 투표하는 모든 사람이 누구의
방해도 받지 않고 자신의 생각대로
자유롭게 투표할 수 있게 하려고요.
만약 선생님이나 다른 친구가
내가 투표하는 걸 볼 수 있다면 눈치를
보느라 마음대로 투표할 수 없을 거예요.
그래서 다른 사람이 누구한테
투표하려는지, 또는 누구한테 투표했는지
억지로 알아내려고 하면 안 돼요.
우리에게는 투표한 내용을 비밀로 할
권리가 있어요.

글쓴이 마크 슐먼
1962년에 미국 뉴욕에서 태어났어요. 그동안 『엄마 아빠는 똑같아』, 『고릴라 카센터』 등 150권이 넘는 어린이 책을 썼어요.
2002년에는 어린이 책을 전문으로 만드는 '움프(Oomf)'라는 회사를 세우고 운영하고 있어요.

그린이 세르주 블로크
1956년에 프랑스에서 태어났어요. 스트라스부르 국립장식미술학교에서 공부했어요. 재미있고 톡톡 튀는 그림으로
독자들의 사랑을 받고 있어요. 유럽 풍자만화협회 회원이며, 2005년에 미국 일러스트레이터협회에서 주는 금메달을 받았어요.
그린 책으로 『나는 기다립니다』, 『엄마 씨앗 아빠 씨앗』, 『돌 씹어 먹는 아이』, 『싸움에 관한 위대한 책』 등이 있어요.

옮긴이 정회성
일본 도쿄대학교에서 영문학과 비교문학을 공부하고 명지대학교와 성균관대학교에서 강의했어요.
현재는 인하대학교 영문학과에서 초빙교수로 학생들을 가르치고 있어요.
2012년 『피그맨』으로 IBBY(국제아동청소년도서협의회) 아너리스트(Honor List) 번역 부문 상을 받았어요.
쓴 책으로 『친구』, 『내 친구 이크발』, 『책 읽어 주는 로봇』, 『혼자서도 술술 영어 일기 쓰기』 등이 있고,
옮긴 책으로는 『피그맨』, 『공주와 고블린』, 『오필리아와 마법의 겨울』, 『안녕, 나의 등대』 등이 있어요.

감수·추천 박성혁
서울대학교 사범대학 사회교육과를 졸업하고 같은 대학원에서 석·박사 학위를 받았어요. 한국사회과교육학회
부회장과 한국법교육학회 학회장, 교육부교육과정 심의위원, 재단법인 자녀안심하고 학교보내기 운동 국민재단 이사로
활동하면서 현재 서울대학교 사범대학 사회교육과에서 학생들을 가르치고 있어요.

나도 투표했어!

초판 1쇄 2020년 2월 20일
초판 5쇄 2022년 7월 13일

글 마크 슐먼 | **그림** 세르주 블로크 | **옮김** 정회성
편집 박선영 | **디자인** 윤현이 | **마케팅** 강백산, 강지연
펴낸이 이재일 | **펴낸곳** 토토북 | **주소** 04034 서울시 마포구 양화로 11길 18, 3층(서교동, 원오빌딩)
전화 02-332-6255 | **팩스** 02-332-6286 | **홈페이지** www.totobook.com | **전자우편** totobooks@hanmail.net
출판등록 2002년 5월 30일 제10-2394호 | **ISBN** 978-89-6496-415-6 77340

- 이 책의 한국어판 저작권은 KCC(Korea Copyright Center Inc.)를 통해 Holiday House Publishing, INC.와의 독점 계약으로 토토북에 있습니다.
- 저작권법에 의해 한국 내에서 보호를 받는 저작물이므로 무단 전재와 무단 복제를 금합니다.
- 《나도 투표했어!》 속 장면 일부는 세르주 블로크 작가가 한국 독자들을 위해 새롭게 그렸습니다.
- 잘못된 책은 바꾸어 드립니다.

제품명 : 나도 투표했어! | **제조자명** : 토토북 | **제조국명** : 대한민국
인증 유형 : 공급자 적합성 확인 | **사용자 연령** : 8세 이상 | **제조일** : 2022년 7월 13일
주소 : 서울시 마포구 양화로11길 18, 3층(서교동, 원오빌딩) | **전화** : 02-332-6255
* KC마크는 이 제품이 공통안전기준에 적합하였음을 의미합니다.
△ **주의** 아이들이 책의 모서리에 다치지 않게 주의하세요.